EL VENDEDOR NUMERO 1

De RODOLFO VILLICANA

www.math2kids.com

Un simpático cuento que nos relata cómo las unidades jugando a comprar y vender aprenden el valor monetario de las cosas y aprenden la hermosa cualidad de saber compartir y trabajar en equipo.

Hoy a la hora de ir a los centros de aprendizaje, las unidades quieren jugar a la tiendita.

El Número Ocho y el Número
Nueve no pueden jugar porque
no han terminado su trabajo.

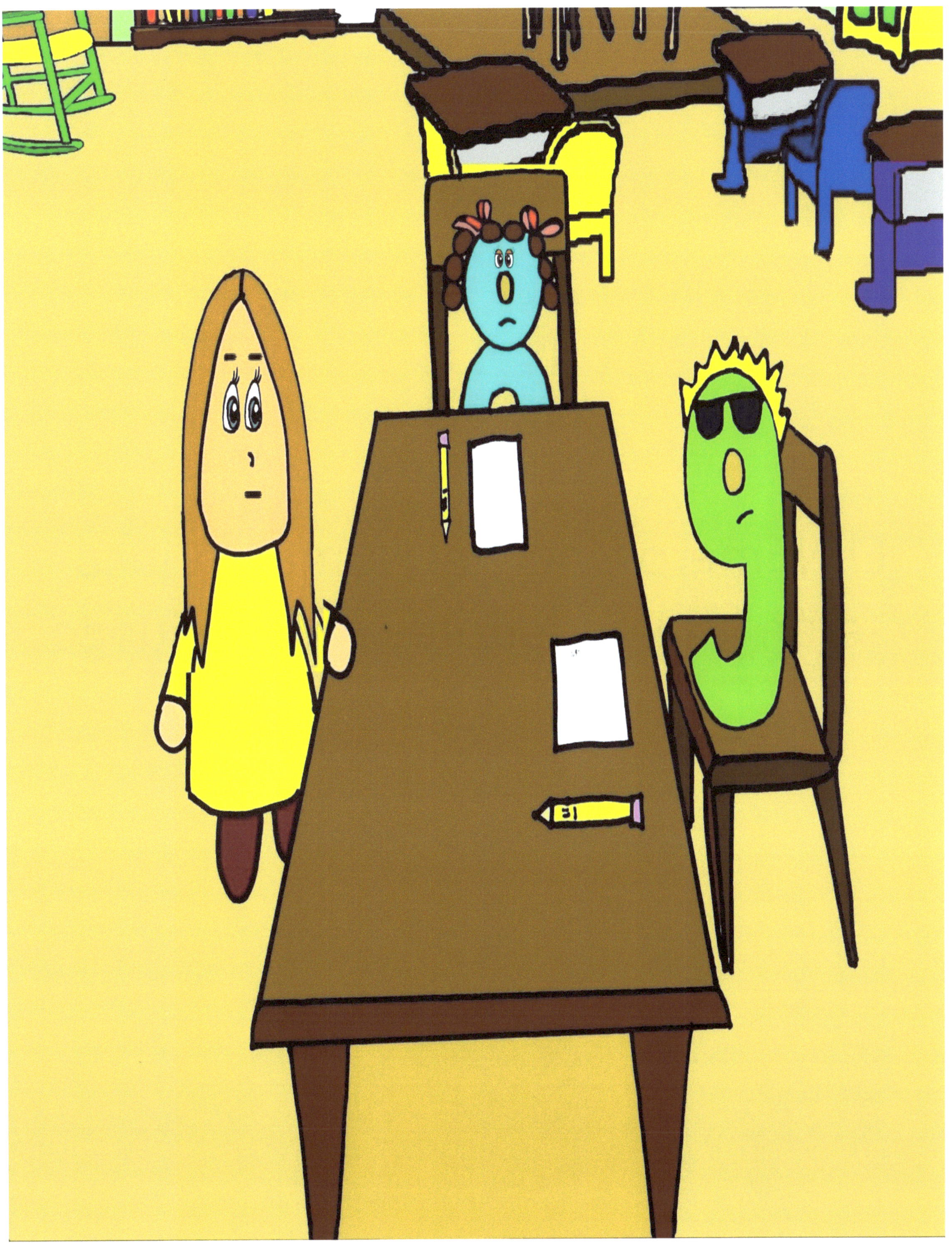

El Número Uno y el Número Cinco serán los vendedores en este juego.

El Número Uno venderá solo cosas que valen un Math dólar, como: una hamburguesa, un helado, una soda, una orden de papas fritas...

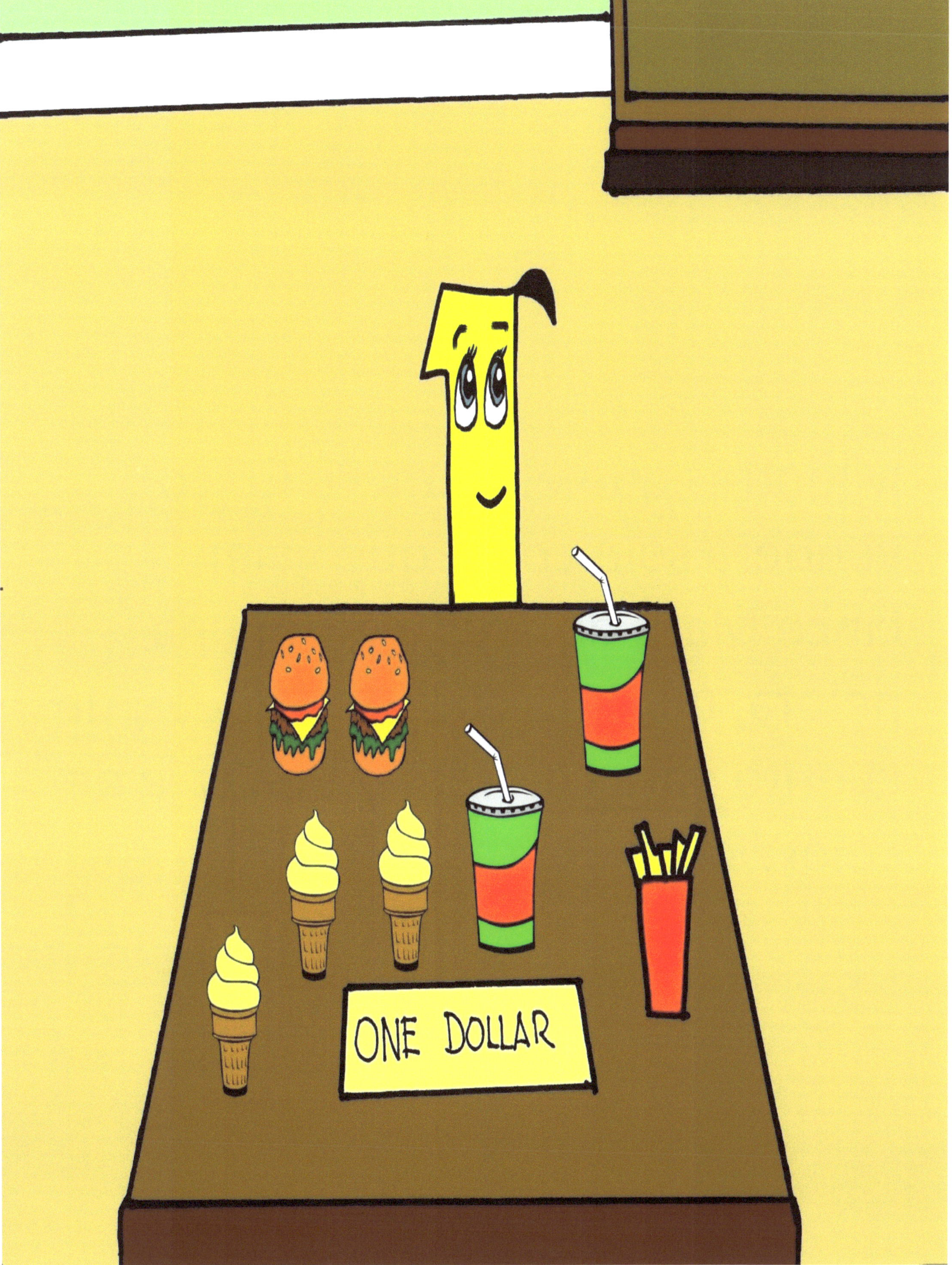
ONE DOLLAR

Mientras que el Número Cinco venderá solo cosas que valen cinco Math dólares, como: una pelota, un trenecito de juguete, un cuento para colorear y una caja de colores.

$ 5 00

El resto de los números serán los compradores en este juego. Y a cada uno de ellos se les dio una cantidad de dinero igual al valor que cada número representa. Dinero que utilizarán para comprar en la tiendita del Número Uno y del Número Cinco.

La Número Dos recibió 2 Math dólares y el Número Tres recibió 3 Math dólares.

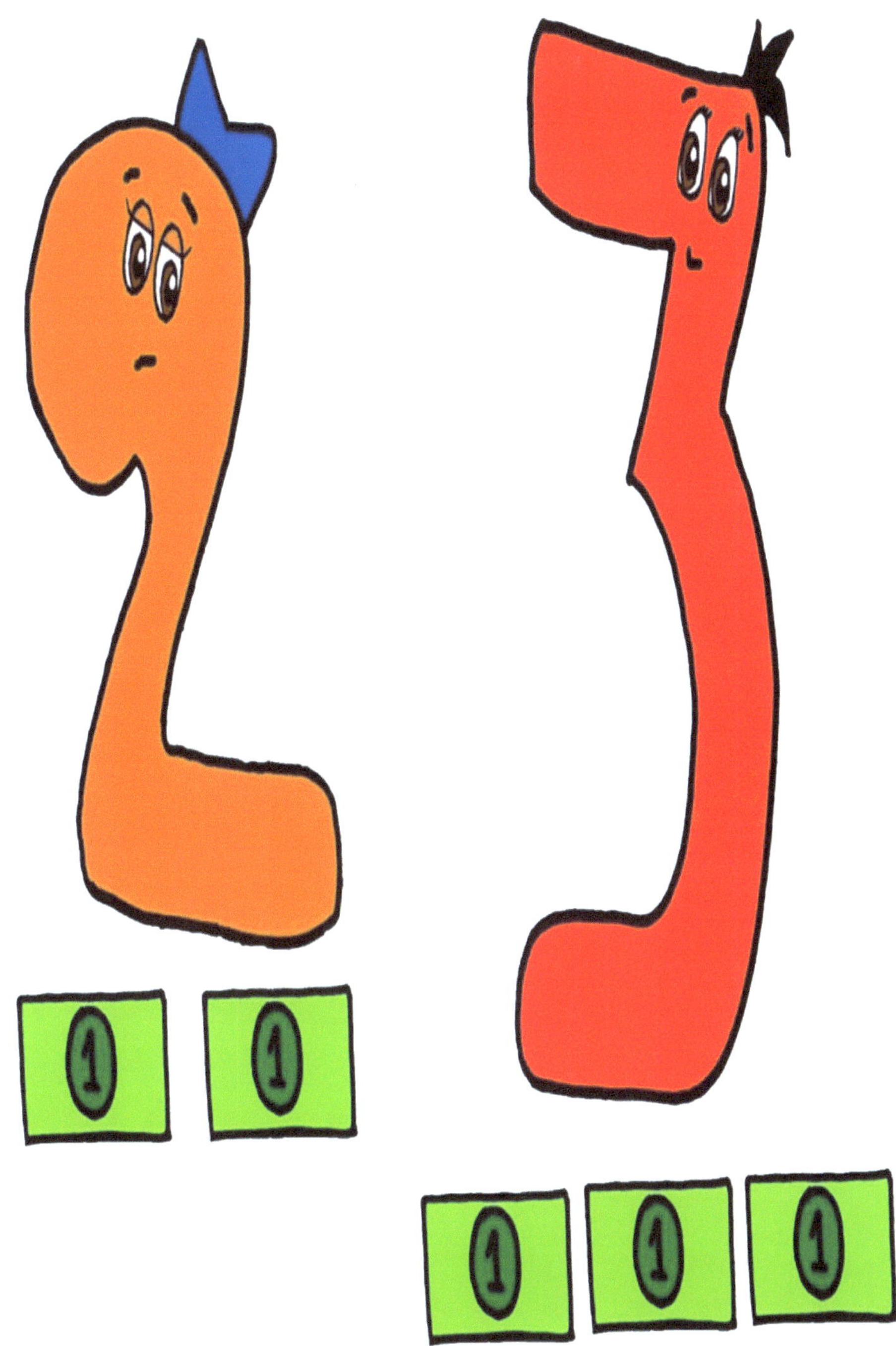

La Número Cuatro recibió 4 Math dólares.

La Número Seis fue más afortunada, pues recibió 6 Math dólares

3 + 3 = 6 Math dólares

1
1
1
1
1

Mientras que el más afortunado de todos fue el Número Siete, quien recibió 7 Math dólares:

4 + 3 = 7   Math dólares

Los primeros números que salieron a comprar fueron la Número Dos y el Número Tres. La Número Dos y el Número Tres decidieron juntar su dinero, ... para juntos   poder comprar un juguete.

$$2 + 3 \over 5$$

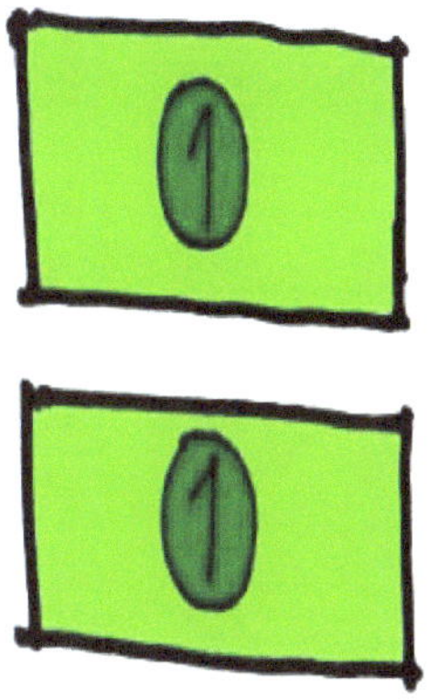

La Número Dos y el Número Tres no se ponían de acuerdo en que comprar, pués el Número Tres quería comprar el trenecito y la Número Dos quería comprar la caja de colores.

Después de tanto pensar, decidieron comprar la pelota de soccer pués a los dos números les encanta jugar soccer y es algo que pueden compartir.

El Número Cuatro y la Número Seis también decidieron juntar su dinero.

$$\begin{array}{r} 4 \\ +\ 6 \\ \hline 10 \end{array}$$

Y con los 10 Math dólares que juntaron, decidieron comprar el libro de colorear de cinco Math dólares.

$$10 - 5 = 5$$

Y con los cinco Math dólares que les sobraron compraron los lápices de colores.

$$5 + 5 = 10$$

El Número Uno estaba muy triste
porque no había vendido aún nada.

ONE DOLLAR

El último número al que le tocó su turno para salir a comprar fue el Número Siete. El Número Siete decidió comprar el tren de 5 Math dólares. Por lo que ahora solo le sobran 2 Math dólares.

5 Dollars

$\dfrac{1.5}{2}$

Y con los 2 Math dólares que le sobraron, compró 2 sodas de un Math dólar cada una.

¿ Y para qué quería 2 sodas ?.....

¡ Para compartirlas con sus amigos !.

FIN

OTROS TITULOS EN AMAZON

Bonito cuento que nos enseña el porque el Círculo es una figura tan importante en nuestra vida diaria.